全国职业院校城市轨道交通专业教材

城市轨道交通客运组织习题册

郭英明 主编

中国劳动社会保障出版社

简　介

本习题册是全国职业院校城市轨道交通专业教材《城市轨道交通客运组织》的配套习题册。

本习题册根据职业院校城市轨道交通专业学生的特点，按照教材分章节编写，包括客运组织概述、车站、票务组织、客流与日常客流组织、大客流组织、应急处置与危机处理、客运组织分析，有填空题、选择题、判断题、名词解释、简答题、综合分析题等多种题型，供学生课后练习使用。本习题册配有参考答案，可通过中国技工教育网（http://jg.class.com.cn）下载。

本习题册由郭英明任主编。

图书在版编目（CIP）数据

城市轨道交通客运组织习题册 / 郭英明主编 .-- 北京：中国劳动社会保障出版社，2021
全国职业院校城市轨道交通专业教材
ISBN 978-7-5167-4955-5

Ⅰ.①城…　Ⅱ.①郭…　Ⅲ.①城市铁路－轨道交通－客运组织－高等职业教育－习题集　Ⅳ.①U239.5-44

中国版本图书馆 CIP 数据核字（2021）第 154567 号

中国劳动社会保障出版社出版发行
（北京市惠新东街 1 号　邮政编码：100029）
*
三河市潮河印业有限公司印刷装订　　新华书店经销

787 毫米 ×1092 毫米　16 开本　2 印张　45 千字
2021 年 8 月第 1 版　　2025 年 12 月第 6 次印刷
定价：5.00 元

营销中心电话：400-606-6496
出版社网址：http://www.class.com.cn
http://jg.class.com.cn

目　录

第一章　客运组织概述

一、填空题（将正确答案填在横线空白处）

1. 城市轨道交通组成复杂、客流量大，要实现安全、有序、高效的运营目标，为乘客提供______、______、便捷、舒适的乘车服务，对客运组织工作有较高要求。

2. 城市私人交通主要包括步行、自行车、摩托车、电动自行车和私人汽车等，其机动灵活、行止随意，可以实现__________，方便了居民出行。

3. 城市公共交通方式包括城市道路公共交通、________________、城市水上公共交通和城市其他公共交通四大类。

4. 车站各类导向标志应______、______，并保持正常工作状态。

5. 一般车站常驻人员主要包括___________、安保人员、保洁人员、设备维修人员、地铁公安人员和商铺人员等。

6. 客运组织工作按照业务范围不同，可分为____________、车站日常客流组织、大客流组织和应急处置与危机处理。

7. 城市轨道交通票卡媒介发展经历了__________、磁卡车票、智能卡车票、手机支付四个发展阶段，其发展方向是无现金交易和支付便捷化。

8. 创建智慧乘客服务体系，要提高乘客服务的便捷化、舒适化和________水平。

二、选择题（将正确答案的字母填在括号内）

1. 下列选项中，不属于城市轨道交通的是（　　）。

A. 地铁系统　　B. 轻轨系统
C. 快速公共汽车　　D. 自动导向轨道系统

2. 私人交通工具载客量小、运送效率低，给大中型城市带来了一系列问题，不包括（　　）。

A. 交通拥挤、阻塞　　B. 车辆停放场地不足
C. 能源消耗量减少　　D. 噪声和空气污染

3. 解决城市交通拥堵问题的有效途径是优先和大力发展（　　）。

A. 私人交通　　B. 城市公共交通
C. 共享汽车　　D. 电动自行车

4. 运营单位应确保城市轨道交通线路的全天运营时间不少于（　　）h。

A. 10　　B. 12　　C. 15　　D. 18

5. 下列选项中，不属于站务人员的是（　　）。

A．值班站长　　　　B．客运值班员

C．行车值班员　　　　D．行车调度员

6．根据乘坐里程的多少进行阶梯收费的是（　　）。

A．单一票制　　　　B．分区票制

C．区间票制　　　　D．计程票制

7．当仅有一条或两条线路，不存在或仅存在一个换乘站时，线网构成简单，总体客流量小，线网的客流压力主要在单条线路上，客流组织的重点是（　　）。

A．单个车站　　B．换乘站　　C．重点线路　　D．线网

8．当运营线路达到一定数量，不再快速增加时，线网规模超大、稳定、复杂，总体客流量超大，换乘客流比例较高，换乘客流量对线网客流的压力十分明显，客流组织的重点是（　　）。

A．单个车站　　B．换乘站　　C．重点线路　　D．整个线网

三、判断题（正确的打“√”，错误的打“×”）

1．人口密度极大、经济实力雄厚、城市布局紧凑的城市，一般采取“轨道交通 + 常规公共汽车、快速公共汽车、私人交通”的模式。（　　）

2．每种城市客运交通结构模式都有其特定的适用范围，同时也会受到各种因素的制约，有其局限性。（　　）

3．改善城市公共交通条件、方便群众日常出行是优先发展城市公共交通遵循的首要原则。（　　）

4．城市轨道交通客运组织服务的对象是城市内部出行需求，提供行李包裹托运服务。（　　）

5．城市轨道交通全日客流分布在时间上有较为明显的高峰，一般为早晚高峰，高峰时段客流量集中、时间性强、空间分布不均衡。（　　）

6．城市轨道交通运营单位应建立公共卫生管理制度，保持车站、车厢整洁卫生。（　　）

7．当有两条以上具有换乘功能的运营线路时，不要求具备乘客一次购票（卡）连续乘坐不同线路的功能。（　　）

8．发现有携带易燃易爆化学危险品的乘客，应引导其进站乘车。（　　）

四、名词解释

1．城市轨道交通

2．客流

3．票制

4．票务组织

五、简答题

1．优先发展城市公共交通应遵循哪些原则?

2．简述城市轨道交通客运组织工作的一般要求。

3．单站级客流控制包括哪几种?

4．简述线网发展初期的客流组织技术方法。

六、综合分析题

1. 查阅中国城市轨道交通协会官方网站的上年度统计分析报告，获取以下数据：截至上一年年底，中国大陆开通城市轨道交通的城市数、运营线路数、运营线路总长度、投运车站总数、全年客运总量、日均客运总量、平均客运强度、高峰小时断面客流量最高值及所在线路名称。

2. 你所在的城市目前可实现移动支付的乘车应用软件有哪些?

第二章　车　　站

一、填空题（将正确答案填在横线空白处）

1. 城市轨道交通车站按设置位置不同，可分为________、地面站和________。

2. 车站主体包括______、站厅、运营管理用房、设备用房等建筑和设施。

3. ______________是指为引导乘客安全、便捷地进站、购票、乘车、出站和换乘等而连贯设置于城市轨道交通车站外、车站内和列车上的一系列标志的总称。

4. 城市轨道交通车站的乘降设备主要包括楼梯、自动扶梯、电梯、人行步道、______________等，是车站客运设备的重要组成部分。

5. __________是指安装在车站站台边缘，将行车轨道区与站台候车区隔开，设有与车门相对应，可多级控制开启与关闭滑动门的连续屏障，也称_________。

6. 车站实行___________制，顺序依次为中心站站长、中心站副站长、值班站长、值班员、站务员。

7. ___________组织本班员工开展工作，对本班车站运营全面负责。

8. 首班车到站前 15 min，______________要开启车站照明，确认车站广播状态。

二、选择题（将正确答案的字母填在括号内）

1. 下列选项中，不属于车站功能的是（　　）。

A．城市轨道交通网络的节点

B．线路上供列车到、发和折返的分界点

C．办理客运业务和各工种联合劳动协作进行运输生产的基地

D．城市轨道交通车辆停放的基地

2.（　　）是指线路两端或列车交路两端的车站，除供乘客上下车外，通常还具有列车折返、停留或临时检修等运营功能。

A．终点站　　B．中间站

C．折返站　　D．换乘站

3. 下列选项中，不属于导乘标志的是（　　）。

A．确认标志　　B．导向标志

C．综合信息标志　　D．一度停车标

4. 下列选项中，不属于站台门功能的是（　　）。

A．防止乘客掉落轨行区　　B．节约车站空调能源

C．紧急情况下停止列车　　D．降低列车噪声

5.（　　）代表城市轨道交通运营企业在车站行使属地管理权，组织辖区各站员工开展运营工作，为乘客提供优质服务。

A. 中心站站长　　B. 中心站副站长

C. 值班站长　　D. 站长助理

6.（　　）在值班站长的领导下，负责车站客运、票务管理，组织售票岗、巡视岗从事票务及客运服务工作。

A. 站长助理　　B. 行车值班员

C. 客运值班员　　D. 站务员

7. 车站设备和管理用房的门禁卡及钥匙的借出、归还均由（　　）管理，每次均要登记。

A. 值班站长　　B. 行车值班员

C. 客运值班员　　D. 站务员

8. 首班车到站前 30 min，（　　）配好票，填写车站票务交接记录簿，并检查售票员准备到岗情况。

A. 值班站长　　B. 行车值班员

C. 客运值班员　　D. 站务员

三、判断题（正确的打“√”，错误的打“×”）

1. 车站是城市轨道交通系统的重要组成部分，是运营单位与服务对象的主要联系环节，是客运组织工作的主要场所。（　　）

2. 车辆段是线路上供列车到、发和折返的分界点，保证行车安全和必要的通行能力。（　　）

3. 车站按运营功能不同，可分为终点站、中间站、折返站和换乘站。（　　）

4. 岛式站台上下行乘客可避免相互干扰，站台面积利用率低，不可调剂客流。（　　）

5. 非付费区部分的站厅实际上是乘客进出站闸机和站台间的缓冲区域，通常换乘也在此区域内完成。（　　）

6. 在设置和优化城市轨道交通导乘标志系统时，应采用多样的载体形式，充分利用车站空间，在载体形式、悬挂位置、可视空间等方面进行多重创新，达到多维可视的效果。（　　）

7. 站台门系统主要由四大系统组成，分别是门体、门机系统、控制系统和电源系统。（　　）

8. 在任何情况下，城市轨道交通车站工作人员都不得越级指挥和汇报。（　　）

四、名词解释

1. 车站站间距

2. 集中站

3. 非付费区

4. 乘客信息系统

五、简答题

1. 站台门具有哪些功能?

2. 站台门的控制分为哪几种方式?哪种方式优先级最高?

3. 城市轨道交通车站一般设置哪些工作岗位?

4．车站日常管理工作主要包括哪些内容?

六、综合分析题

查阅教材，分析城市轨道交通车站开站程序中各岗位的工作任务，填入表 2–1。

表 2–1　　城市轨道交通车站开站程序中各岗位的工作任务

任务 时间	值班站长	行车值班员	客运值班员	站务员 （厅巡）	站务员 （售票）
4：30 后					
首班车到站 前 30 min					
首班车到站 前 15 min					
首班车到站 前 10 min					
首班车到站 前 5 min					

第三章 票务组织

一、填空题（将正确答案填在横线空白处）

1. 车票是乘客乘车的______，记载了一次完整行程所发生的费用、时间、乘车区间等信息，也称为票卡媒介。

2. 城市轨道交通车站的现金主要包括_________和_______。

3. 车站与银行之间的票款交接称为________，主要指车站将票款收益存入企业在银行的专用账户。

4. ____________是记录车站日常现金交接、收益汇总，以及车票交接、发售情况的原始台账，也是票务员收益结算的原始依据，是票务工作中非常重要的记录。

5. ______________又称人工售 / 补票机或票房售 / 补票机，通常安装在售 / 补票房或车站服务中心内，采用人工方式完成票务处理、车票发售、充值、车票分析（验票）、退票及其他票务服务。

6. ______________提前准备好售票员所需的车票、备用金、报表等物品，填写值班员交接记录簿和售票员结算单相关内容。

7. 每清点完一个钱箱，必须确保钱箱已倒空并______。

8. 自动售票机售票能力不足时的应急处置措施主要包括____________和发售纸票。

二、选择题（将正确答案的字母填在括号内）

1. 下列关于车票存放的说法，正确的是（　　）。

   A. 车票在任何时候都只能存放于票务室

   B. 车票存放不需要专人负责

   C. 在有监控条件下，任何车票在清点、交接时，均需在监控摄像头有效范围内进行操作

   D. 保管的车票数量发生变化时，不需要在相关台账上进行登记或在台账系统录入数据

2. 下列关于车票交接的说法，不正确的是（　　）。

   A. 交接必须清晰、详细、全面

   B. 交接要主次分明、准确、有效

   C. 交接要做到有跟进、有落实

   D. 车票在交接过程中不需要进行封装

3. 下列选项中，不属于票务备品的是（　　）。

A．钱箱　　B．闸机　　C．点钞机　　D．票务钥匙

4．下列选项中，不属于票务报表的是（　　）。

A．票务员结算单　　B．交接班日志

C．车站日营收报表　　D．现金缴款单

5．下列关于票务报表填写要求的说法，不正确的是（　　）。

A．报表填写必须真实、准确、完整、及时

B．属于过底的报表，只要保证上面清楚即可，下面模糊也没关系

C．报表必须用蓝色或黑色笔填写，字迹必须清晰、工整，不得潦草

D．报表原则上不能涂改，确实需要更改时，需取得相关当事人的确认，当面更改

6．纸币钱箱清点必须由当班（　　）和至少一名车站人员共同进行，并共同确认清点结果。

A．值班站长　　B．行车值班员

C．客运值班员　　D．站务员

7．自动售检票系统“进出站免检模式”的设置决策人是车站（　　）及以上人员。

A．值班站长　　B．行车值班员

C．客运值班员　　D．站务员

8．当出站和双向自动检票机全部故障，客流集中出站，检票设备能力严重不足，危及乘客安全时，车站可设定为（　　）。

A．列车故障模式　　B．出站免检模式

C．时间免检模式　　D．日期免检模式

三、判断题（正确的打“√”，错误的打“×”）

1．预制票由于已赋值，处在“已售”状态，等同现金管理。（　　）

2．填写票务报表时，阿拉伯数字可以连笔书写。（　　）

3．若员工收取了假币，原则上应等价赔偿。（　　）

4．售票应遵循“一问、二收、三唱、四操作、五找零”的步骤。（　　）

5．车票交给乘客之前，不需要请乘客通过乘客显示屏或打印单据确认车票有效性。（　　）

6．客运值班员在清点钱箱过程中，非紧急情况不得离开点钞室。（　　）

7．当在运营过程中出现应急情况时，车站各岗位人员要在客运值班员的统一指挥下，维持车站的票务运作。（　　）

8．当其他车站被告知线路内某车站发售预制票时，值班站长应立即告知站内所有票务工作人员。（　　）

四、名词解释

1．备用金

2. 票务备品

3. 自动售票机

4. 自动检票机

五、简答题

1. 简述车票交接的原则。

2. 填写票务报表有哪些要求？

3. 简述配票程序的步骤。

4．自动售检票系统降级运营有哪些模式？

六、综合分析题

为了保障收益，企业需要制定一定的保障制度，保证票务收益安全。有关票务收益，请回答下列问题。

（1）影响车站票务收益安全的因素主要有哪些？

（2）为了保证车票的安全，需要从人员、设备、管理三个方面入手，请分别说明。

（3）具体来说，企业可以采取哪些措施保障票务收益？

第四章　客流与日常客流组织

一、填空题（将正确答案填在横线空白处）

1. 客流包含时间、地点、________和________四个要素。

2. ____________________________是确定各线路行车安排的基本依据。

3. ____________是指在高峰小时内存在一个 15 ~ 20 min 的客流特别集中的时间段。

4. 城市人口规模及____________决定城市居民出行需求。

5. 客流组织工具指在进行客流组织时，用以引导规范客流走向、调节客流速度、维持客流秩序的工具，主要包括_____________、铁马、伸缩带、告示牌、扩音器、提示牌。

6. 日常客流规模不大，在车站内不会形成安全隐患，且客流在车站内的行进空间较为宽松，不会给车站设备设施承受能力带来压力。因此，日常客流组织多以维持乘客正常进出站和_____________为主。

7. 车站容易产生局部较大客流的区域主要有__________、售票区域、检票区域、站台等。

8. 对于没有屏蔽门的车站，应告知乘客“请站在_______________以内候车，不要探身瞭望，以免发生危险”。

二、选择题（将正确答案的字母填在括号内）

1. 常用的客流量概念不包括（　　）。

A．断面客流量　　B．高峰小时最大断面客流量

C．低峰小时客流量　　D．车站客流量

2. 在实际工作中，一般取（　　）min 甚至更短的时段进行分析，从而获取最大高峰小时断面的相关客流信息，以便科学合理地安排行车计划。

A．5　　B．15　　C．30　　D．60

3. 下列选项中，不属于影响客流因素的是（　　）。

A．城市布局　　B．沿线土地利用情况

C．票价　　D．交通融资模式

4. 根据研究，比较适宜的换乘通道长度为（　　）m。

A．30　　B．60　　C．100　　D．150

5. 城市轨道交通线网一日内小时客流分布通常呈现“（　　）”特征。

A．无峰型　　B．单峰型

C．双峰型　　D．多峰型

6.（　　）负责全线客流组织工作，站长和值班站长负责车站的客流组织工作。

A．运营控制中心　　　　B．车辆段调度中心

C．车站　　　　D．运营单位总部

7.（　　）通常放置在出入口、站厅层、站台层、扶梯口等处，可以按要求摆放成任意形状，作用是引导客流走向、规范客流秩序、调节客流速度、控制客流数量。

A．铁马　　　　B．伸缩带

C．告示牌　　　　D．扩音器

8．对于携带儿童的乘客，提示其儿童应（　　）进入闸机通道。

A．先于成人　　　　B．紧随成人

C．与成人同时　　　　D．单独

三、判断题（正确的打“√”，错误的打“×”）

1．客流在车站内的运转效率、秩序和安全性，直接体现了车站客流组织工作的整体水平。（　　）

2．一般情况下，城市整体土地利用规划布局越均衡，城市轨道交通客流在线网上分布越均衡。（　　）

3．城市轨道交通线路沿线土地利用情况对客流的影响最为直接，是线路客流的直接来源。（　　）

4．城市轨道交通客流来源主要是城市高收入人群。（　　）

5．车站客流的进、出站高峰小时出现时间与断面客流的高峰小时出现时间通常相同。（　　）

6．客运服务人员在进行检票组织时，应遵循进站优于出站的原则。（　　）

7．对于持有大件行李或行动不便的乘客，客运服务人员应引导其由宽通道闸机通过。（　　）

8．乘客物品掉入轨行区时，客运服务人员要协助乘客跳下站台捡拾物品。（　　）

四、名词解释

1．断面客流量

2．高峰小时最大断面客流量

3．日常客流

五、简答题

1．简述影响城市轨道交通客流的因素。

2．城市轨道交通客流主要呈现哪些特点？

3．车站固定设施设备布局优化的措施有哪些？

4．车站非固定设施设备布局优化的措施有哪些？

六、综合分析题

车站容易发生局部较大客流的区域主要有出入口、售票区域、检票区域、站台等，这些区域容易形成冲突和交织点，导致秩序混乱。请回答下列问题。

（1）简述出入口的客流组织方法。

（2）简述售票区域的客流组织方法。

（3）简述检票区域的客流组织方法。

（4）简述站台的客流组织方法。

第五章　大客流组织

一、填空题（将正确答案填在横线空白处）

1. 根据产生原因不同，大客流可分为____________________和____________________两大类。

2. 依据客流规模大小不同，可将大客流分为__________和__________两个级别。

3. 全线客流组织工作由运营控制中心统筹组织，车站客流组织工作由__________负责。

4. 影响车站设计通行能力的单个区域一般有________________、自动售票设备、自动检票设备、乘降设备和列车输送五大类。

5. 对于地下车站而言，发生紧急情况时，________是乘客由地下向地面逃生的最主要通路。

6. 楼梯、____________、坡道等是城市轨道交通车站中主要的乘降设施。

7. 一级客流控制是指在___________采取措施控制站台乘客数量的客流组织方法。

8. 二级客流控制由车站___________决定实施，并通报运营控制中心、中心站站长，请求本站保安人员协助。

二、选择题（将正确答案的字母填在括号内）

1. 可预见性大客流是指可以提前预知或部分预知的大客流，一般不包括（　　）。

A. 高峰时段大客流　　B. 节假日大客流

C. 大型活动大客流　　D. 突发事件引起的大客流

2. 下列有关大型活动大客流的描述，正确的是（　　）。

A. 主要指在法定节假日期间或前后，因出行、游客旅游等形成的大客流

B. 车站周边如果举办大型活动，在短时间内大批乘客进、出车站，车站客流迅速上升，瞬时冲击压力很大，且大部分情况是双向压力

C. 出现的时间、规模等是无法提前预见的

D. 一般只对该活动地点附近的车站有较大影响

3. 站台聚集人数达到站台有效区域的（　　），并有持续不断上升的趋势，称为较大客流。

A. 30% ~ 40%　　B. 50% ~ 60%

C. 70% ~ 80%　　D. 90% ~ 100%

4. 下列有关超大客流的描述，错误的是（　　）。

A. 会给乘客和城市轨道交通运营造成明显影响

B. 表现为车站极度拥挤，引发乘客身体的不舒适感

C．乘客流动速度缓慢，极易发生推挤、踩踏

D．一般不存在明显的安全隐患

5．客流控制应遵循“(　　)”原则。

A．由下至上，由内至外　　B．由上至下，由内至外

C．由上至下，由外至内　　D．由下至上，由外至内

6．根据车站设计通行能力计算经验，(　　）较易成为车站设计通行能力的瓶颈。

A．出入口及通道设备　　B．自动售检票设备

C．乘降设备　　D．站台输送设备

7．二级客流控制是指在（　　）采取措施控制进入付费区乘客数量的客流组织方法。

A．出入口　　B．非付费区

C．付费区　　D．站台

8．线网级客流联控流程的启动由（　　）上报运营控制中心。

A．行车调度员　　B．主控站

C．辅控站　　D．车辆段调度员

三、判断题（正确的打“√”，错误的打“×”）

1．大客流组织一直是城市轨道交通车站客流组织工作的重中之重，也是保障客流组织工作安全、有序、高效的关键。（　　）

2．大客流的产生与客流数量有关，与车站设计通行能力无关。（　　）

3．不可预见性大客流又称为突发性大客流。（　　）

4．在大客流情况下，车站不必采取措施对客流进行控制。（　　）

5．较大客流尚未达到车站站台的容量极限，不会形成安全隐患，可在维持好乘客进、出站秩序的基础上，适当提升乘客进、出站速度。（　　）

6．超大客流已经达到车站站台的容量极限，存在安全隐患，应以保障安全为主，采取控制车站内及控制区域内乘客数量、确保车站客流组织有序的措施。（　　）

7．主控站与辅控站一般出现在单线级客流联控和线网级客流联控模式中，实施原则是优先满足主控站的客流疏导，缓解高满载率区段的客流压力。（　　）

8．客流控制时应关注老、幼、病、残、孕等特殊乘客，开辟绿色通道，主动引导其快速进站。（　　）

四、名词解释

1．大客流

2．车站设计通行能力

3. 三级客流控制

4. 线网级客流联控模式

五、简答题

1. 可预见性大客流一般包括哪几种?

2. 简述大客流组织的基本原则。

3. 超大客流组织的策略有哪些?

4. 提高站台列车输送能力的较大客流组织方法有哪些?

六、综合分析题

某城市轨道交通车站乘客进站路径为出入口及通道、自动扶梯 / 楼梯（站厅与出入口之间）、自动售票机、自动检票机、自动扶梯 / 楼梯（站台与站厅之间）、站台上车；乘客出站路径为下车、自动扶梯 / 楼梯（站台与站厅之间）、自动检票机、自动扶梯 / 楼梯（站厅与出入口之间）、出入口及通道。该车站不具备换乘功能，不考虑安检，所有单位设计通行能力均取范围值中的最大值。车站相关设备、设施的数量和参数详见表 5–1。

表 5–1　车站相关设备、设施的数量和参数

设备、设施	数量和参数
出入口及通道	3 个，宽度为 4 m
自动售票机	12 台，引导充分，购票率为 10%
自动检票机	30 台，引导充分
楼梯、自动扶梯	出入口与站厅之间共设置自动扶梯 2 部，每部宽度为 1 m；楼梯 2 处，每处宽度为 2 m，双向通行；楼梯、自动扶梯并行布局 站厅与站台之间共设置自动扶梯 2 部，每部宽度为 1 m；楼梯 2 处，每处宽度为 2.5 m，双向通行；楼梯、自动扶梯并行布局
列车输送	晚高峰时段，发车间隔时间均为 5 min；列车荷载为 1 680 人 / 列，减去在本站下车的乘客数量后，平均满载率为 50%

（1）确定影响车站通行能力的单个区域。

（2）计算单个区域的设计通行能力。

（3）确定车站设计通行能力和瓶颈位置。

第六章　应急处置与危机处理

一、填空题（将正确答案填在横线空白处）

1. 一般可将产生突发性大客流的原因分成自然灾害类、社会治安类、公共卫生类和________四类。

2. 突发性大客流除具备大客流的基本特性外，还存在________、影响严重和应对困难等特性。

3. 突发性大客流处置一般包括准备、________和恢复三个步骤。

4. 突发性客流发生时，积极采取措施应对，优先组织人员疏散并进行伤员抢救，采取________的原则，尽快恢复运营，减少损失。

5. 突发性大客流的组织方法主要包括________、________、隔离和地面公交协同接运。

6. 发现火灾时，现场周边工作人员必须立即疏散事发区域乘客，向________报告，并使用灭火器材尝试灭火。

7. 原则上在停电 30 min 内，行车调度员维持原有列车运行，车站要引导乘客________。

8. 如果出现强风天气，必要时，________向主管领导汇报，请求下令停止地面车站运营服务，组织具备运行条件的区间维持运营。

二、选择题（将正确答案的字母填在括号内）

1. 突发性大客流处置步骤中，（　　）是指当事故的影响初步得到控制时，为使运营生产尽快回归正常状态而采取的行动。

A. 准备　　　　B. 响应

C. 恢复　　　　D. 改进

2. 下列选项中，不属于突发性大客流应对策略的是（　　）。

A. 清客、疏散、隔离

B. 改变列车的运行交路

C. 分析应急疏导组织行为策略与乘客行为

D. 组织列车出入车辆段

3. 下列有关隧道疏散的说法，错误的是（　　）。

A. 乘客可通过安全疏散门或疏散平台有序地进行疏散或逃生

B. 乘客不可进入司机室，司机可通过安全疏散门离开列车

C. 有部分地铁线路在区间设置了安全疏散平台

D．乘客可手动打开紧急疏散平台侧的车门，通过疏散平台进行疏散

4．车站组织清客时，由（　　）通知车站各岗位的工作人员执行清客程序。

A．值班站长　　B．客运值班员

C．行车值班员　　D．站务员

5．下列有关车站公共区域火灾事件应急处置的说法，错误的是（　　）。

A．车站紧急疏散时，尽可能稳定乘客情绪，要特别关注老、幼、病、残、孕等乘客，防止踩踏等次生灾害事故发生

B．如果事态特征明显（如浓烟、火苗），立即启动火灾应急处置程序

C．任何情况下，必须先报告，后处置

D．终点站发生火灾时，行车调度员立即组织折返列车尽快驶离车站

6．在进行车站水淹应急处置时，（　　）监控好电力设备的运行。

A．值班主任　　B．行车调度员

C．电力调度员　　D．环控调度员

7．下列有关车站大面积停电应急处置的说法，错误的是（　　）。

A．停电超过 30 min 后，行车调度员组织列车越站、车站关站并做好乘客服务

B．车站人员在楼梯、自动扶梯或光线不足处等关键位置放置应急灯并引导疏散乘客出站

C．关站时应尽快操作，无须检查垂直电梯是否有困人

D．运营控制中心和线网相关车站应做好信息发布工作

8．以危机的起因与性质为标准，可把城市轨道交通运营危机分为三类，下列选项中属于灾难事件的是（　　）。

A．列车延误　　B．设备故障

C．突发大客流　　D．地震

三、判断题（正确的打“√”，错误的打“×”）

1．车站发生突发性大客流后，应根据影响程度、发展情况、紧迫性等因素，立即组织力量，在事件初期迅速出动、准确处置、控制事态、减少损失。（　　）

2．突发性大客流应急处置应遵循“安全第一、统一指挥、分级控制、合理疏导、及时疏散”的总原则。（　　）

3．疏散需要运营单位各部门的通力配合，力争在最短时间内完成客流的安全转移。（　　）

4．发生突发性大客流时，排队购票的乘客与进、出站的客流发生了干扰，车站就可以利用铁马、伸缩隔离栏人为地隔开客流，避免客流流线的交叉。（　　）

5．发现火灾处于初起阶段，允许“先处置，后报告”，合理选用车站配备的消防器材，尽可能将火灾遏制在初起阶段。（　　）

6．危机事件的处理是运营单位的事，与政府部门无关。（　　）

7．在危机发生时，新闻发言人对调节公共关系的作用不大。（　　）

8．危机得到处理和控制意味着危机管理过程已经结束，善后处理不是必要举措。（　　）

四、名词解释

1. 现场处置方案

2. 疏散

3. 清客

4. 应急处置

五、简答题

1. 地面公交协同接运有哪些注意事项?

2. 站台发生火灾时，站台岗的站务员应该如何处理?

3. 危机处理的构成要素有哪些?

4．简述危机处理的原则。

六、综合分析题

如果车站发生自然灾害或公共卫生事件、社会治安事件、运营突发事件等，已经导致或可能导致事故发生或设施设备严重损害，不能维持全部或局部运行，立即进入应急状态。在应急状态下，为最大限度地降低损失或危害、防止事态扩大而采取的紧急措施或行动，称之为应急处置。请就车站公共区域火灾事件的应急处置，回答下列问题。

（1）正常情况下相关设备的状态分别是什么？

（2）确认发生火灾后的行动原则有哪些？

（3）如果站台发生火灾事件，客运值班员应该如何处理？

第七章 客运组织分析

一、填空题（将正确答案填在横线空白处）

1. 为掌握客流在时间、空间上的变化规律，必须经常进行各种形式的__________。

2. 城市轨道交通运输计划主要包括客流计划、______________、车辆配备计划和列车交路计划等内容。

3. ____________是指为完成日常运输任务所必须配备的技术状态良好的可用车辆数量，与高峰小时开行列车数、列车周转时间、列车编组车辆数等因素有关。

4. 运输产品的核心产品是要满足顾客的_____需要，如出行需求，即安全、准确、迅速地从始发地运送到目的地。

5. 城市客运市场的需求方（即城市出行的需求方）主要是__________和在城市里活动的流动人口。

6. 影响出行者选择出行方式的因素主要包括出行者特性、____________和出行方式服务水平。

7. 客运强度为________与运营线路总长的比，单位为“人次 /km”。

8. 依据城市轨道交通运营特点，运营总成本主要由人工成本、__________、维修成本及其他成本等构成。

二、选择题（将正确答案的字母填在括号内）

1. 下列选项中，属于定性预测的客流预测方法是（　　）。

A．移动平均法　　B．指数平滑法

C．回归预测法　　D．德尔菲法

2.（　　）是指城市轨道交通系统全日分阶段开行的列车对数计划。

A．客流计划　　B．全日行车计划

C．车辆配备计划　　D．列车交路计划

3. 下列选项中，属于运输产品的形式产品的是（　　）。

A．出行需求　　B．航班、车次

C．网络售票　　D．车载无线网络

4. 下列选项中，属于出行特征因素的是（　　）。

A．收入　　B．职业　　C．出行距离　　D．可靠度

5. 城市轨道交通出行服务（产品）的核心产品是（　　）。

A．位移服务　　B．开行车次

C．售票服务　　D．问询服务

6．下列选项中，不能吸引客流的是（　　）。

A．增加轨道线网规模　　B．提升服务覆盖范围

C．优化常规公交线网　　D．提高票价

7．（　　）是指不包含停站时间在内的列车在站间平均运行的速度，单位为“km/h”。

A．技术速度　　B．旅行速度

C．设计速度　　D．平均速度

8．下列选项中，属于安全性指标的是（　　）。

A．完好车日数　　B．正点率

C．行车责任事故率　　D．单位能耗

三、判断题（正确的打“√”，错误的打“×”）

1．出行需求是潜在的客流，客流是可实现或已实现的出行需求。（　　）

2．短交路一般是常规交路，是指列车在线路上全线运行，在终点站折返。（　　）

3．附加产品是指核心产品借以实现的形式或目标市场对需求的特定满足形式。（　　）

4．运输产品是指劳动者使用运输工具和设备实现乘客和货物的空间位移。（　　）

5．出行者特性主要包括出行者的收入、性别、年龄、职业等。（　　）

6．乘坐舒适度是乘客在乘坐列车过程中的感受，因人而异，难以量化。（　　）

7．人工成本与线网规模、行车效率和服务水平的关系不大。（　　）

8．资源性补贴主要是指赋予企业沿线房地产开发权，或者其他利润较高的经营项目。（　　）

四、名词解释

1．客流计划

2．列车交路

3．运输产品

4．客运周转量

五、简答题

1．运输产品具有哪些特性？

2．运输市场具有哪些特性？

3．简述影响出行者选择出行方式的因素。

4．控制城市轨道交通运营成本的措施有哪些？

六、综合分析题

城市轨道交通运营单位要提升服务水平，就要明确乘客对其服务质量的要求，制定和实施合理的产品策略，为乘客提供优质服务。请就提升城市轨道交通服务水平这一主题，回答下列问题。

（1）乘客对城市轨道交通服务质量的要求包括哪些方面？

（2）城市轨道交通服务的产品策略是什么？

（3）为了吸引客流，运营单位可以采取哪些措施？